My Bilingual Picture Book
আমার দ্বিভাষিক ছবির বই

Sefa's most beautiful children's stories in one volume

Ulrich Renz • Barbara Brinkmann:

Sleep Tight, Little Wolf · গভীর ভাবে ঘুমাও, ছোট নেকড়ে

For ages 2 and up

Cornelia Haas • Ulrich Renz:

My Most Beautiful Dream · আমার সবচেয়ে সুন্দর স্বপ্ন

For ages 2 and up

Ulrich Renz • Marc Robitzky:

The Wild Swans · বন্য রাজহাঁস

Based on a fairy tale by Hans Christian Andersen

For ages 5 and up

© 2024 by Sefa Verlag Kirsten Bödeker, Lübeck, Germany. www.sefa-verlag.de

Special thanks to Paul Bödeker, Freiburg, Germany

All rights reserved.

ISBN: 9783756304264

Read · Listen · Understand

Sleep Tight, Little Wolf
গভীর ভাবে ঘুমাও, ছোট নেকড়ে

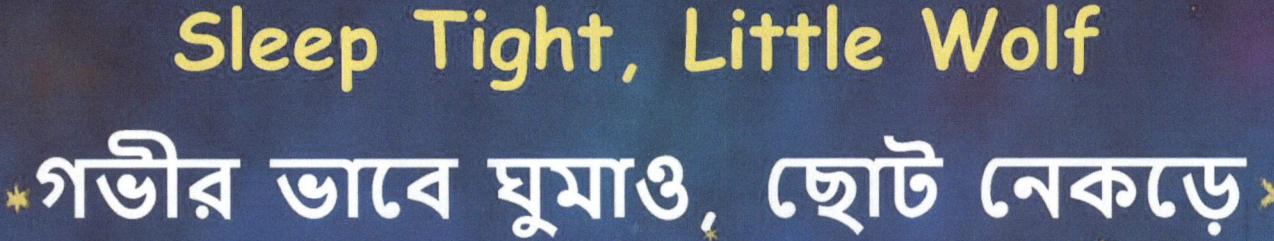

Ulrich Renz / Barbara Brinkmann

English bilingual Bengali (Bangla)

Translation:

Pete Savill (English)

Mohammad Abutaher (Bengali (Bangla))

Audiobook and video:

www.sefa-bilingual.com/bonus

Password for free access:

English: **LWEN1423**

Bengali (Bangla): **LWBN1123**

Good night, Tim! We'll continue searching tomorrow. Now sleep tight!

শুভরাত্রি,টিম! আমরা আগামীকাল অনুসন্ধান অব্যাহত রাখবো। এখন গভীরভাবে ঘুমাও!

It is already dark outside.

ইতিমধ্যে বাইরে অন্ধকার হয়ে গেছে।

What is Tim doing?

টিম সেখানে কি করছে ?

He is leaving for the playground.
What is he looking for there?

সে খেলার মাঠে যেতে বের হচ্ছে।
সে সেখানে কি খুঁজছে ?

The little wolf!

He can't sleep without it.

ছোট নেকড়ে!
এটি ছাড়া সে ঘুমাতে পারেনা।

Who's this coming?

কে আসছে?

Marie! She's looking for her ball.

মেরি! সে তার বল খুঁজছে।

And what is Tobi looking for?

এবং টবি কি খুঁজছে ?

His digger.

তার খনক।

And what is Nala looking for?

এবং নালা কি খুঁজছে ?

Her doll.

তার পুতুল।

Don't the children have to go to bed?
The cat is rather surprised.

শিশুদের কি ঘুমাতে যেতে হবেনা ?
বিড়ালটি খুব আশ্চর্য হয়েছে।

chez Martin
7
vitrerie

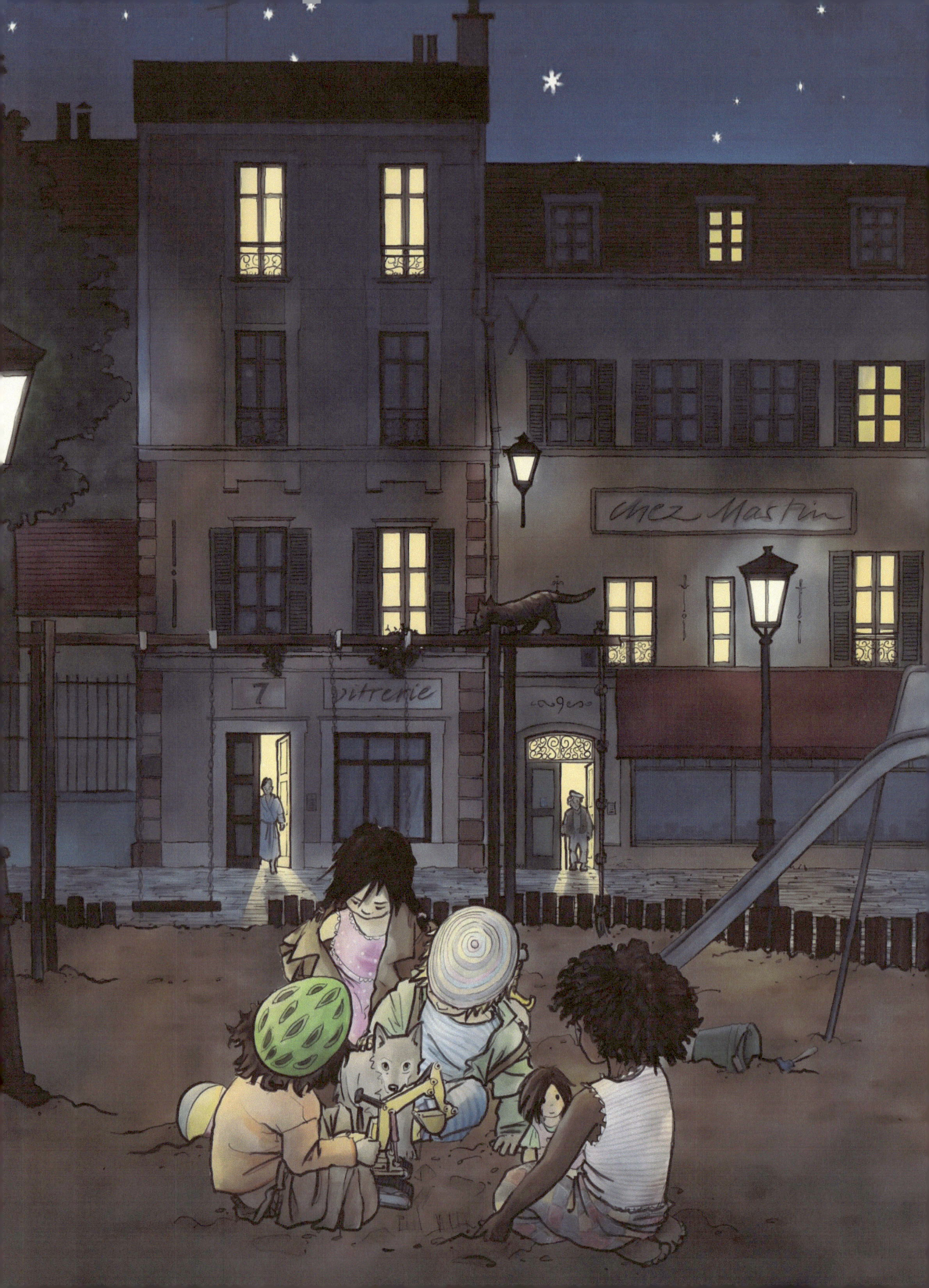

Who's coming now?

এখন কে আসছে?

Tim's mum and dad!

They can't sleep without their Tim.

টিমের মা এবং বাবা!

তারা তাদের টিম ছাড়া ঘুমাতে পারেনা।

More of them are coming! Marie's dad.
Tobi's grandpa. And Nala's mum.

তাদের মধ্যে আরো আসছে!
মেরির বাবা,টবির দাদা এবং নালার মা।

Now hurry to bed everyone!

এখন দ্রুত ঘুমাতে চল!

Good night, Tim!

Tomorrow we won't have to search any longer.

শুভরাত্রি টিম!

আমাদের আগামিকাল আর অনুসন্ধান করতে হবে না।

Sleep tight, little wolf!

গভীর ভাবে ঘুমাও,ছোট নেকড়ে!

Cornelia Haas • Ulrich Renz

My Most Beautiful Dream
আমার সবচেয়ে সুন্দর স্বপ্ন

Translation:

Sefâ Jesse Konuk Agnew (English)

Kuheli Dutta (Bengali (Bangla))

Audiobook and video:

www.sefa-bilingual.com/bonus

Password for free access:

English: **BDEN1423**

Bengali (Bangla): **BDBN1123**

My
Most Beautiful Dream
আমার সবচেয়ে সুন্দর স্বপ্ন

Cornelia Haas · Ulrich Renz

English — bilingual — Bengali (Bangla)

Lulu can't fall asleep. Everyone else is dreaming already – the shark, the elephant, the little mouse, the dragon, the kangaroo, the knight, the monkey, the pilot. And the lion cub. Even the bear has trouble keeping his eyes open ...

Hey bear, will you take me along into your dream?

লুলুর ঘুম আসছে না। অন্য সবাই ইতিমধ্যে স্বপ্ন দেখছে – হাঙ্গর, হাতি, ছোট ইঁদুর, ড্রাগন, ক্যাঙ্গারু নাইট, বানর, পাইলট এবং সিংহ শাবক। এমনকি ভালুকেরও চোখ খোলা রাখতে কষ্ট হচ্ছে ...

আরে ভালুক, তুমি কি আমাকে তোমার স্বপ্নে নিয়ে যাবে?

And with that, Lulu finds herself in bear dreamland. The bear catches fish in Lake Tagayumi. And Lulu wonders, who could be living up there in the trees?

When the dream is over, Lulu wants to go on another adventure. Come along, let's visit the shark! What could he be dreaming?

এবং সেই সঙ্গে, লুলু নিজেকে ভালুকের স্বপ্নভূমিতে আবিষ্কার করে। ভালুক টাগায়ুমি হ্রদে মাছ ধরে। আর লুলু ভাবে, উপরের গাছগুলোতে কে থাকতে পারে?

স্বপ্ন শেষ হলে, লুলু আরেক দুঃসাহসিক অভিযানে যেতে চায়। চল, হাঙ্গরকে দেখতে যাই! সে কিসের স্বপ্ন দেখছে?

The shark plays tag with the fish. Finally he's got some friends! Nobody's afraid of his sharp teeth.

When the dream is over, Lulu wants to go on another adventure. Come along, let's visit the elephant! What could he be dreaming?

হাঙ্গর মাছের সঙ্গে ছোঁয়াছুয়ি খেলছে। অবশেষে সে কিছু বন্ধু পেয়েছে! কেউ তার তীক্ষ্ণ দাঁত ভয় পাচ্ছে না।
স্বপ্ন শেষ হলে, লুলু আরেক দু:সাহসিক অভিযানে যেতে চায়। চল, হাতিকে দেখতে যাই! সে কিসের স্বপ্ন দেখছে?

The elephant is as light as a feather and can fly! He's about to land on the celestial meadow.

When the dream is over, Lulu wants to go on another adventure. Come along, let's visit the little mouse! What could she be dreaming?

হাতি পালকের মত হালকা এবং উড়তে পারে! সে আকাশমণ্ডলীয় ঘাসভূমির উপর অবতরণ করতে চলেছে।

স্বপ্ন শেষ হলে, লুলু আরেক দুঃসাহসিক অভিযানে যেতে চায়। চল, নেংটি ইঁদুরকে দেখতে যাই! সে কিসের স্বপ্ন দেখছে?

The little mouse watches the fair. She likes the roller coaster best. When the dream is over, Lulu wants to go on another adventure. Come along, let's visit the dragon! What could she be dreaming?

নেংটি ইঁদুর মেলা দেখছে। তার নাগরদোলা সবচেয়ে বেশি পছন্দ।
স্বপ্ন শেষ হলে, লুলু আরেক দুঃসাহসিক অভিযানে যেতে চায়। চল, ড্রাগনকে দেখতে যাই! সে কিসের স্বপ্ন দেখছে?

The dragon is thirsty from spitting fire. She'd like to drink up the whole lemonade lake.

When the dream is over, Lulu wants to go on another adventure. Come along, let's visit the kangaroo! What could she be dreaming?

ড্রাগন আগুন বের করে তৃষ্ণার্ত। সে পুরো লেবুর শরবতের হ্রদ পান করতে চায়। স্বপ্ন শেষ হলে, লুলু আরেক দুঃসাহসিক অভিযানে যেতে চায়। চল, ক্যাঙ্গারুকে দেখতে যাই! সে কিসের স্বপ্ন দেখছে?

The kangaroo jumps around the candy factory and fills her pouch. Even more of the blue sweets! And more lollipops! And chocolate!

When the dream is over, Lulu wants to go on another adventure. Come along, let's visit the knight! What could he be dreaming?

ক্যাঙ্গারু ক্যান্ডি কারখানার চারপাশে লাফিয়ে চলে এবং তার থলি ভরাট করে। এমনকি নীল মিষ্টি আরো! এবং আরো ললিপপস! এবং চকোলেট!
স্বপ্ন শেষ হলে, লুলু আরেক দু:সাহসিক অভিযানে যেতে চায়।চল, নাইটকে দেখতে যাই! সে কিসের স্বপ্ন দেখছে?

The knight is having a cake fight with his dream princess. Oops! The whipped cream cake has gone the wrong way!
When the dream is over, Lulu wants to go on another adventure. Come along, let's visit the monkey! What could he be dreaming?

নাইট তার স্বপ্নের রাজকুমারীর সঙ্গে কেকযুদ্ধ করছে। ওহো! মিশ্রিত ক্রিম কেক ভুল পথে চলে গেছে!

স্বপ্ন শেষ হলে, লুলু আরেক দুঃসাহসিক অভিযানে যেতে চায়।চল, বানরকে দেখতে যাই! সে কিসের স্বপ্ন দেখছে?

Snow has finally fallen in Monkeyland. The whole barrel of monkeys is beside itself and getting up to monkey business.

When the dream is over, Lulu wants to go on another adventure. Come along, let's visit the pilot! In which dream could he have landed?

অবশেষে বানরভূমিতে তুষারপাত হয়েছে। পুরো বানরের ঝাঁক আত্মহারা হয়ে গেছে এবং বানরোচিত কাজে লিপ্ত হচ্ছে।

স্বপ্ন শেষ হলে, লুলু আরেক দুঃসাহসিক অভিযানে যেতে চায়। চল, বিমানচালককে দেখতে যাই! সে কিসের স্বপ্ন দেখছে?

The pilot flies on and on. To the ends of the earth, and even farther, right on up to the stars. No other pilot has ever managed that.
When the dream is over, everybody is very tired and doesn't feel like going on many adventures anymore. But they'd still like to visit the lion cub.
What could she be dreaming?

বিমানচালক উড়ে এবং উড়তেই থাকে। পৃথিবীর শেষ প্রান্তে, এমনকি আরও দূরে, তারার উপর পর্যন্ত। অন্য কোন বিমানচালক এখনও যা পারেনি।

স্বপ্ন শেষ হলে সবাই খুব ক্লান্ত হয়ে পড়ে এবং আর বেশি অভিযানে যাওয়ার ইচ্ছে থাকে না। কিন্তু তারা এখনও সিংহশাবককে দেখতে যেতে চায়। সে কিসের স্বপ্ন দেখছে?

The lion cub is homesick and wants to go back to the warm, cozy bed.
And so do the others.

And thus begins ...

সিংহশাবকের বাড়ির জন্য মন খারাপ এবং উষ্ণ, আরামদায়ক বিছানায় ফিরে যেতে চায়।
এবং অন্যরাও।

এবং এইভাবে শুরু হয় ...

... Lulu's
most beautiful dream.

... লুলুর
সবচেয়ে সুন্দর স্বপ্ন।

Ulrich Renz • Marc Robitzky

The Wild Swans
বন্য রাজহাঁস

Translation:

Ludwig Blohm, Pete Savill (English)

Kuheli Dutta (Bengali (Bangla))

Audiobook and video:

www.sefa-bilingual.com/bonus

Password for free access:

English: **WSEN1423**

Bengali (Bangla): **WSBN1123**

sefa

Ulrich Renz · Marc Robitzky

The Wild Swans

বন্য রাজহাঁস

Based on a fairy tale by

Hans Christian Andersen

+ audio
+ video

English bilingual Bengali (Bangla)

Once upon a time there were twelve royal children – eleven brothers and one older sister, Elisa. They lived happily in a beautiful castle.

এক যে ছিল বারো রাজশিশু–এগার ভাই ও তাদের বড় বোন, এলিসা। তারা একটি সুন্দর প্রাসাদে সুখে বাস করত।

One day the mother died, and some time later the king married again. The new wife, however, was an evil witch. She turned the eleven princes into swans and sent them far away to a distant land beyond the large forest.

একদিন মা মারা যান, এবং কিছু সময় পরে রাজা আবার বিয়ে করেন। তবে, নতুন স্ত্রী একজন ডাইনী ছিল। একটি জাদুমন্ত্র দ্বারা সে এগারজন রাজপুত্রকে রাজহাঁস এ পরিণত করল এবং বনের বাইরে একটি দূরবর্তী দেশে পাঠিয়ে দিল।

She dressed the girl in rags and smeared an ointment onto her face that turned her so ugly, that even her own father no longer recognized her and chased her out of the castle. Elisa ran into the dark forest.

সে রাজকন্যাকে নেকড়া পরিয়ে এবং তার মুখে একটি কুশ্রী মলম মাখিয়ে দিল যাতে তার নিজের পিতা তাকে আর চিনতে পারল না এবং তাকে প্রাসাদ থেকে তাড়িয়ে দিল। এলিসা দৌড়ে অন্ধকার জঙ্গলে পালিয়ে গেল।

Now she was all alone, and longed for her missing brothers from the depths of her soul. As the evening came, she made herself a bed of moss under the trees.

এখন সে একেবারে একা ছিল, এবং আত্মার অন্তঃস্থল থেকে তার নিখোঁজ ভাইদের জন্য অপেক্ষা করছিল। সন্ধ্যা হলে পর সে গাছের নীচে নিজের জন্য একটি শৈবাল বিছানা তৈরি করত।

The next morning she came to a calm lake and was shocked when she saw her reflection in it. But once she had washed, she was the most beautiful princess under the sun.

পরদিন সকালে সে একটি শান্ত লেকের কাছে এল এবং পানিতে তার প্রতিফলন দেখে বিস্মিত হল। কিন্তু নিজেকে ধুয়ে নেয়ার পর, সে সূর্যের নীচে সবচেয়ে সুন্দর রাজকীয় শিশু ছিল।

After many days Elisa reached the great sea. Eleven swan feathers were bobbing on the waves.

এর অনেক দিন পর, এলিসা সাগরের ধারে পৌঁছাল। সেখানে ঢেউয়ের মাঝে এগারটি রাঁজহাসের পালক দুলছিল।

As the sun set, there was a swooshing noise in the air and eleven wild swans landed on the water. Elisa immediately recognized her enchanted brothers. They spoke swan language and because of this she could not understand them.

সূর্য অস্ত যাবার সময় সেখানে বাতাসে ঝিরঝির শব্দ হল, এবং এগারো বন্য রাজহাঁস জলের উপর অবতরন করল। এলিসা অবিলম্বে তার মায়াময় ভাইদের চিনতে পারল কিন্তু যেহেতু তারা রাজহাঁসের ভাষা বলছিল, সে তাদের বুঝতে পারছিল না।

During the day the swans flew away, and at night the siblings snuggled up together in a cave.

One night Elisa had a strange dream: Her mother told her how she could release her brothers from the spell. She should knit shirts from stinging nettles and throw one over each of the swans. Until then, however, she was not allowed to speak a word, or else her brothers would die.
Elisa set to work immediately. Although her hands were burning as if they were on fire, she carried on knitting tirelessly.

দিনের বেলায় রাজহাঁসগুলো দূরে উড়ে যায়, আর রাতে ভাইবোন একটি গুহার মধ্যে একসঙ্গে জড়াজড়ি করে ঘুমায়।

এক রাতে, এলিসা একটি অদ্ভুত স্বপ্ন দেখল: তার মা তাকে বলল সে কিভাবে তার ভাইদের মুক্তি দিতে পারে। তাকে প্রতিটি রাজহাঁসের জন্য যন্ত্রণাদায়ক বিছুটি থেকে একটা জামা বুনতে, এবং এটি হাঁসের উপর নিক্ষেপ করতে হবে। তখন পর্যন্ত, সে একটি শব্দও বলতে পারবে না, নয়ত তার ভাইদের মৃত্যুবরণ করতে হবে।
এলিসা অবিলম্বে কাজ শুরু করল। যদিও তার হাত আগুনের মত জ্বলছিল, সে নিরলসভাবে বুনন চালিয়ে গেল।

One day hunting horns sounded in the distance. A prince came riding along with his entourage and he soon stood in front of her. As they looked into each other's eyes, they fell in love.

একদিন দূরে শিকারের বাদ্য বাজছিল। একজন রাজকুমার তার সফরসঙ্গীদের সঙ্গে ঘোড়ায় চড়ে এল, এবং শীঘ্রই তার সামনে দাঁড়াল। তারা দুজন যখন একে অপরের চোখের দিকে তাকল, তখন প্রেমে পড়ে গেল।

The prince lifted Elisa onto his horse and rode to his castle with her.

রাজকুমার এলিসাকে ঘোড়ায় চড়িয়ে তার প্রাসাদে নিয়ে গেল।

The mighty treasurer was anything but pleased with the arrival of the silent beauty. His own daughter was meant to become the prince's bride.

বলশালী কোষাধ্যক্ষ কিন্তু মোটেই এই মূক সুন্দরীর আগমনে খুশি ছিল না। তাঁর নিজের কন্যার রাজকুমারের বউ হওয়ার কথা ছিল।

Elisa had not forgotten her brothers. Every evening she continued working on the shirts. One night she went out to the cemetery to gather fresh nettles. While doing so she was secretly watched by the treasurer.

এলিসা তার ভাইদের ভুলে যায়নি। প্রতি সন্ধ্যায় সে জামার কাজ অব্যাহত রাখল। এক রাতে সে তাজা বিছুটি পাতা নিতে কবরস্থানে গেল। কোষাধ্যক্ষ তাকে গোপনে খেয়াল করল।

As soon as the prince was away on a hunting trip, the treasurer had Elisa thrown into the dungeon. He claimed that she was a witch who met with other witches at night.

রাজকুমার শিকারে যেতেই কোষাধ্যক্ষ এলিসাকে অন্ধকূপে নিক্ষেপ করল। সে দাবি করল, মেয়েটি একটি ডাইনি যে কিনা রাতে অন্যান্য ডাইনিদের জড়ো করে।

At dawn, Elisa was fetched by the guards. She was going to be burned to death at the marketplace.

ভোরে, এলিসাকে রক্ষিবাহিনী দ্বারা নিয়ে যাওয়া হয়। তাকে বাজারে পুড়িয়ে মারার কথা ছিল।

No sooner had she arrived there, when suddenly eleven white swans came flying towards her. Elisa quickly threw a shirt over each of them. Shortly thereafter all her brothers stood before her in human form. Only the smallest, whose shirt had not been quite finished, still had a wing in place of one arm.

সে সেখানে পৌঁছাতেই হঠাৎ এগারোটি সাদা রাজহাঁস উড়ে এল। এলিসা দ্রুত তাদের প্রত্যেকের উপর একটা করে জামা ছুড়ে দিল। অল্প কিছুক্ষন পর তার সব ভাই মানুষের আকারে তার সামনে দাঁড়াল। শুধু সবচেয়ে ছোট ভাই, যার জামা পুরোপুরি সমাপ্ত হয়নি, এক হাতের স্থানে একটি পাখা রয়ে গেল।

The siblings' joyous hugging and kissing hadn't yet finished as the prince returned. At last Elisa could explain everything to him. The prince had the evil treasurer thrown into the dungeon. And after that the wedding was celebrated for seven days.

And they all lived happily ever after.

ভাইবোনের সস্নেহ আলিঙ্গন শেষ না হতেই রাজকুমারও ফিরে এল। অবশেষে এলিসা তাকে সবকিছু ব্যাখ্যা করতে সক্ষম হল। রাজকুমার খারাপ কোষাধ্যক্ষকে অন্ধকূপে নিক্ষিপ্ত করল। আর তার পরে সাত দিন ধরে বিয়ে উদযাপন করা হল।

আমার কথাটি ফুরোলো; নটে গাছটি মুরোলো।

Hans Christian Andersen

Hans Christian Andersen was born in the Danish city of Odense in 1805, and died in 1875 in Copenhagen. He gained world fame with his literary fairy-tales such as „The Little Mermaid", „The Emperor's New Clothes" and „The Ugly Duckling". The tale at hand, „The Wild Swans", was first published in 1838. It has been translated into more than one hundred languages and adapted for a wide range of media including theater, film and musical.

Barbara Brinkmann was born in Munich in 1969 and grew up in the foothills of the Bavarian Alps. She studied architecture in Munich and is currently a research associate in the Department of Architecture at the Technical University of Munich. She also works as a freelance graphic designer, illustrator, and author.

Cornelia Haas has been illustrating childrens' and adolescents' books since 2001. She was born near Augsburg, Germany, in 1972. She studied design at the Münster University of Applied Sciences and is currently a professor on the faculty of Münster University of Applied Sciences teaching illustration.

Marc Robitzky, born in 1973, studied at the Technical School of Art in Hamburg and the Academy of Visual Arts in Frankfurt. He works as a freelance illustrator and communication designer in Aschaffenburg (Germany).

Ulrich Renz was born in Stuttgart, Germany, in 1960. After studying French literature in Paris he graduated from medical school in Lübeck and worked as head of a scientific publishing company. He is now a writer of non-fiction books as well as children's fiction books.

Do you like drawing?

Here are the pictures from the story to color in:

www.sefa-bilingual.com/coloring

www.ingramcontent.com/pod-product-compliance
Lightning Source LLC
LaVergne TN
LVHW070449080526
838202LV00035B/2784